MES FRUITS

GRANDE ROYALE

MES FRUITS

GRANDE ROYALE

Dédicaces

Je dédie ce livre à mon père, à ma mère, à Dieynaba, Madiba, Lise, Julianne, Marirose, mes amis à l'école, mes enseignants et à toutes les personnes qui aiment les fruits comme moi.

Une pomme

J'aime la pomme car c'est un fruit qui a un bon goût et elle est sucrée. Je l'aime surtout avec la cannelle. Il y a toujours des pommes dans ma boite à diner lors de la collation. La pomme a une grande teneur en fibres avec une quantité élevée en quercétine, un puissant antioxydant. C'est-à-dire que la pomme contribue à prévenir le risque de maladies cardio-vasculaires comme le diabète l'obésité et de certains cancers. Les médecins ont dit que manger des pommes (2 et plus par semaine) aurait un effet favorable sur la fonction respiratoire ainsi que sur l'incidence d'asthme et d'affections des voies respiratoires. Nos vieux disent « une pomme de plus repousse un peu plus le médecin ». Cela signifie que quand mange des pommes tous les jours on va rarement chez le médecin.

Une orange

J'aime une orange parce que c'est un fruit délicieux et très juteux. L'orange est majoritairement composée d'eau donc elle me déshydrate. En plus, sa pulpe et son jus contiennent une quantité très importante de vitamines A, B et C et de composés antioxydants. Sa chair est riche en nutriments comme le calcium, le potassium, le phosphore, le magnésium, le fer, le cuivre, les flavonoïdes et les caroténoïdes, ainsi qu'en fibres. En consommer régulièrement est excellent pour préserver l'organisme de nombreuses maladies. Attention toutefois si vous souffrez de reflux gastro-oesophagien, d'oesophagite peptique ou d'hernie hiatale car cet agrume peut irriter la muqueuse de l'œsophage ou brûler l'estomac. Si ce n'est pas votre cas, voici quelques bonnes raisons d'en ajouter à votre alimentation hebdomadaire : l'orange aide à protéger les yeux, à lutter contre les cancers, à prévenir les risques de maladies cardiovasculaires, à réduire l'inflammation, à soigner le rhume et à améliorer la digestion. Voilà pourquoi chaque matin, je mange toujours une orange avant d'aller à l'école.

Une banane

J'aime la banane parce que c'est un fruit nourrissant, mou et très bonne pour la santé. Avec sa teneur en glucides, la banane apporte de l'énergie et des vitamines intéressantes. De plus, grâce au magnésium et au potassium qu'elle contient, elle est aussi très efficace pour réduire les crampes, pour favoriser une récupération musculaire rapide et pour limiter la fatigue. La banane est reconnue pour posséder plusieurs bienfaits. Elle contribue à la bonne humeur, elle est riche en vitamine B6 et rend la digestion plus facile. La banane est aussi riche en antioxydants, en minéraux et elle prévient les cancers. Parmi tous les fruits, la banane est celui qui est un anti-stress naturel. La banane ne coûte très chère et on peut en trouver dans tous les magasins où on vent des fruits.

Une poire

J'aime la poire parce que c'est un fruit qui a un bon goût et une belle saveur. Elle est facile à croquer et elle est remplie d'eau. Avec 85 % d'eau, la poire est un fruit désaltérant, qui contribue à la bonne hydratation de l'organisme. Elle est aussi une bonne source de vitamine C : une poire moyenne contient près de 10 % des apports conseillés en cette vitamine, utile pour l'immunité, la prévention des maladies cardiovasculaires. Bien que le poire soit un fruit très délicieux, les médecins disent qu'il est préférable de ne pas consommer la poire le soir. Le mieux est de la manger entre les repas, au moins une heure avant le déjeuner ou le dîner. Cela vous permettra d'ingérer moins de calories après.

Une fraise

J'aime la fraise parce que la fraise est riche de bienfaits nutritionnels. Ce serait dommage pour toi de t'en priver. La fraise est riche en eau ce qui participe à la couverture des besoins hydriques journaliers. La fraise est riche aussi en vitamine C qui permet de lutter contre la fatigue, de stimuler le système immunitaire et de lutter contre diverses infections et coups de froid hivernaux. En plus de ces qualités, la fraise contient des flavonoïdes qui lui donnent sa couleur rouge et sont parmi les composés qui contribuent le plus à sa capacité anti-oxydante. La fraise est source de fibres bien tolérées qui stimulent le transit intestinal et limiter les ballonnements. Elle est également source de manganèse qui agit comme cofacteur de plusieurs enzymes qui facilitent une douzaine de différents processus métaboliques. Enfin la fraise est très bonne pour les femmes enceintes. Elle est source de vitamine B9 qui permet le bon développement du fœtus pendant la grossesse.

Les Bleuets sauvages

J'aime les bleuets parce que non seulement ils sont très délicieux, mais aussi les bleuets sauvages biologiques jouent un rôle très important dans notre santé. Voici les cinq principaux bienfaits que tu peux avoir en mangeant plus de bleuets sauvages. Ce sont les antioxydants présents dans les végétaux qui contribuent à neutraliser et à freiner les dégâts provoqués par les radicaux libres. En plus de cela, les bleuets sauvages aident à la santé de notre cerveau et nous donnent une mémoire plus performante. Les médecins disent que les bleuets sauvages sont très bons pour la santé de notre vision et de l'ensemble de nos yeux. Les bleuets sauvages font partie des fruits qui sont reconnus pour leur richesse en vitamine et minéraux, donc parfaits pour notre santé dans sa globalité. Enfin les bleuets rendent meilleure notre digestion et nous procurent une très bonne humeur.

Un melon d'eau

J'aime le melon d'eau parce que le melon d'eau est très bon pour nous. En plus d'être rempli d'eau, il contient de la vitamine C, des fibres et du bêtacarotène. Des nutriments qui sont réputés pour favoriser une bonne pression artérielle et un bon niveau de cholestérol sanguin. Malgré son goût très sucré, le melon d'eau contient en fait peu de calories, étant composé d'eau à 92 % ! En plus de fournir des vitamines, minéraux et antioxydants, permettent de nous hydrater, en particulier pendant les journées chaudes d'été, le melon d'eau s'intègre à merveille dans les plats estivaux. Les médecins disent que le melon d'eau est très bon pour notre santé mentale. En effet, le melon d'eau contient une grande quantité de vitamine B6 qui agit sur notre cerveau, en réduisant les symptômes de stress et d'anxiété. Elle pourrait même dans certains cas prévenir les crises de panique. Voilà pourquoi j'aime les melons d'eau et je pense que vous avez mille et une raisons d'aimer les melons d'eau comme moi.

Une mangue

J'aime la mangue parce que non seulement elle est délicieuse, juteuse et nourrissante, mais aussi elle peut être utilisée en jus, en salade, en plat principal, en dessert. Conne tu le remarques, la mangue se plie à toutes nos envies culinaires. Et ce n'est pas tout, elle est aussi très intéressante pour la santé grâce aux nombreux nutriments qu'elle contient. En effet, la mangue est riche en minéraux et en vitamines, particulièrement en vitamine C et en vitamines du groupe B. Elle aide ainsi à réduire la fatigue et renforce le système immunitaire, ce qui est utile en hiver », précisent les diététiciens et nutritionnistes. La mangue qui est un fruit exotique a également d'autres bienfaits : elle participe à la prévention contre le cancer, elle aide à bien protéger notre cœur et rend la digestion plus facile. La mangue, c'est magnifique, j'adore!

Un ananas

J'aime l'ananas parce que son goût et sa saveur me plaisent beaucoup. C'est un fruit à la chair juteuse et parfumée s'invite aussi bien dans nos desserts que dans nos plats salés, leur conférant une douce saveur exotique. En plus de cela, l'ananas permet de faciliter la digestion d'un repas riche et d'éviter les ballonnements, troubles digestifs, la constipation et brûlures d'estomac. Ses fibres douces, sa richesse en eau et en potassium (minéral à l'effet diurétique) et la broméline font de l'ananas un fruit dépuratif et détoxifiant. Les médecins conseillent surtout aux jeunes et notamment les jeunes filles de manger des ananas car ce fruit a la réputation de brûler les graisses et de booster l'amaigrissement. C'est la broméline qui serait responsable de cet effet minceur en s'attaquant directement à nos réserves de graisses. J'adore l'ananas et toi?

Des raisins

J'aime les raisins parce que c'est délicieux, sucré et remplis de jus. Rouge, blanc ou rose, les raisins séduisent par leur saveur exceptionnelle et leur texture juteuse. Les raisins sont riches en Vitamine C, et constituent un antioxydant très efficace contre les infections dentaires. Les raisins permettent une meilleure absorption du fer, ce qui améliore la santé des cartilages, des gencives, des dents et des os. N plus de cela, les raisins possèdent d'autres bienfaits. Ils préviennent les maladies cardio-vasculaires, améliore la concentration et la mémoire, améliore le transit intestinal et rendent notre peau plus saine et plus élastique. Les médecins disent que les raisins luttent contre les maux de jambes, les jambes lourdes et nous donnent une très bonne humeur. Voila pourquoi je raffole des raisins, j'espère que c'est la même chose pour toi.

Mon panier de fruits

Voici mon panier à fruits

Sources

Santé Magazine sur la pomme : https://www.santemagazine.-fr/alimentation/aliments-et-sante/fruits/6-bonnes-raisons-de-manger-des-oranges 188729#:~:text=Consommer%20r%C3%A9guli%C3%A8rement%20de%20la%20vitamine,le%20taux%20de%20mauvais%20cholest%C3%A9rol.

Le Figaro.fr Santé sur l'orange : https://sante.lefigaro.fr/mieux-etre/nutrition-aliments/pomme/quels-bienfaits#:~:text=Gr%C3%A2ce%20%C3%A0%20sa%20teneur%20en,ob%C3%A9sit%C3%A9%20et%20de%20certains%20cancers.

Max de Génie sur la banane : https://www.maxdegenie.com/conseils-et-astuces/les-bienfaits-des-bananes-murissement-et-conservation/#:~:text=Avec%20sa%20teneur%20en%20glucides,et%20pour%20limiter%20la%20fatigue.

Passeport Santé nutrition sur le poire : https://www.passeportsante.net/fr/Nutrition/EncyclopedieAliments/Fiche.aspx?doc=fraise_nu#:~:text=La%20fraise%20est%20riche%20en,et%20coups%20de%20froid%20hivernaux.

La maison du Bleuet sur les bleuets sauvages: https://

lamaisondubleuet.com/blogs/decouvrez-bleuet-sauvage/voici-5-raisons-pourquoi-vous-devez-manger-des-bleuets-chaque-jour#:~:text=Riche%20en%20vitamine%20A%2C%20C,du%20fer%20et%20du%20mangan%C3%A8se.

Noovo Moi sur le melon d'eau : https://www.noovomoi.ca/cuisiner/trucs-et-inspirations/article.5-raisons-manger-melon-deau.1.1596804.html

Le Must sur le melon d'eau: https://lemust.ca/aliments-vedettes/4-raisons-de-manger-du-melon-deau/#:~:text=Parce%20que%20le%20melon%20d,bon%20niveau%20de%20cholest%C3%A9rol%20sanguin.

Santé Magazine sur la mangue : https://www.santemagazine.fr/alimentation/aliments-et-sante/fruits/la-mangue-et-ses-bienfaits-vitamines-173116#:~:text=Riche%20en%20min%C3%A9raux%20et%20en,Audrey%20Aveaux%2C%20di%C3%A9teticienne%2Dnutritionniste.

Le Journal des femmes Santé sur l'ananas : https://sante.journaldesfemmes.fr/fiches-nutrition/2537094-bienfaits-ananas-sante-minceur-foie-digestion/#:~:text=%E2%80%A22,-Bienfaits%20pour%20le&text=Elle%20permet%20donc%20de%20faciliter,un%20fruit%20d%C3%A9puratif%20et%20d%C3%A9toxifiant.

Résumé

Les fruits et les légumes font partie des aliments qui devraient être présents tous les jours dans l'assiette d'un enfant. Ils contribuent à une saine alimentation et à combler ses besoins nutritifs. Dans ce magnifique livre, je t'amène à découvrir mes dix fruits préférés en raison de leur goût, saveur et surtout les bienfaits qu'ils apportent pour notre santé et notre développement physique et cognitif.

J'ai huit ans. Je suis élève en 3ᵉ année en Ontario au Canada. J'aime lire, dessiner et partager mes expériences avec mes amies et amis au Canada et dans le monde. Dans ce petit livre, j'aimerais que tu découvres l'importance des fruits pour notre santé surtout nous les enfants pour bien grandir physiquement et mentalement.

www.ingramcontent.com/pod-product-compliance
Lightning Source LLC
LaVergne TN
LVHW072103070426
835508LV00003B/254